¡VEO VEO!

VEO V

COL

TRADUCIDO POR
DIANA OSORIO

¡Veo colores!

Veo un camión rojo.

Veo un bloque naranja.

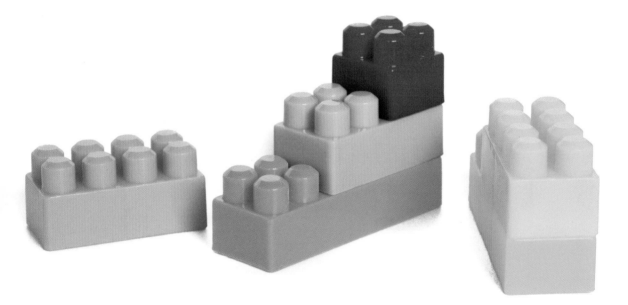

Veo una flor amarilla.

9

Veo un globo verde.

11

Veo una camiseta azul.

Veo una pelota morada.

Veo un vestido rosado.

17

Veo un perro marrón.

Veo un vaso blanco.

Veo un gato negro.

Please visit our website, www.garethstevens.com. For a free color catalog of all our high-quality books, call toll free 1-800-542-2595 or fax 1-877-542-2596.

Library of Congress Cataloging-in-Publication Data
Names: Roesser, Marie, author.
Title: Veo veo colores / Marie Roesser.
Description: New York : Gareth Stevens Publishing, 2022. | Series: ¡Veo veo!
  | Includes index.
Identifiers: LCCN 2020013411 | ISBN 9781538267837 (library binding) | ISBN
  9781538267813 (paperback) | ISBN 9781538267820 (6 Pack) | ISBN 9781538267844
  (ebook)
Subjects: LCSH: Colors–Juvenile literature. | Reading–Juvenile
  literature.
Classification: LCC QC495.5 .R638 2022 | DDC 535.6–dc23
LC record available at https://lccn.loc.gov/2020013411

First Edition

Published in 2022 by
Gareth Stevens Publishing
111 East 14th Street, Suite 349
New York, NY 10003

Translator: Diana Osorio
Editor, Spanish: Rossana Zúñiga
Designer: Katelyn E. Reynolds
Editor: Rossana Zúñiga

Photo credits: Cover, p. 1 Antonina Vlasova/Shutterstock.com; cover, back cover, p. 1 (blue background) Irina Adamovich/Shutterstock.com; p. 3 CHBD/E+/Getty Images; p. 5 (top and middle) Nikolai Tsvetkov/Shutterstock.com; p. 5 (bottom) Denis Dryashkin/Shutterstock.com; p. 7 Christianto Soning/EyeEm/Getty Images; pp. 9, 13 kaisphoto/E+/Getty Images; p. 11 Sean Locke/EyeEm/Getty Images; p. 15 Liliboas/E+/Getty Images; p. 17 Karina Bakalyan/Shutterstock.com; p. 19 Sharon Montrose/The Image Bank / Getty Images Plus; p. 21 MirageC/Moment/ Getty Images; p. 23 adogslifephoto/iStock/Getty Images Plus.

Printed in the United States of America

Some of the images in this book illustrate individuals who are models. The depictions do not imply actual situations or events.

CPSIA compliance information: Batch #CWGS22: For further information contact Gareth Stevens, New York, New York at 1-800-542-2595.

Find us on

¡VEO VEO!

¡VEO VEO! VEO VEO
COLORES
conceptos básicos

¡VEO VEO! VEO VEO
DINERO
conceptos básicos

¡VEO VEO! VEO VEO
FIGURAS
conceptos básicos

¡VEO VEO! VEO VEO
LETRAS
conceptos básicos

¡VEO VEO! VEO VEO
NÚMEROS
conceptos básicos

¡VEO VEO! VEO VEO
TAMAÑOS
conceptos básicos

Gareth Stevens
PUBLISHING

ISBN: 9781538267813
6-pack ISBN: 9781538267820

9 781538 267813